I0360928

www.ingramcontent.com/pod-product-compliance
Lightning Source LLC
Chambersburg PA
CBHW042358070526
44585CB00029B/2982
* 9 7 8 1 7 7 8 9 2 0 9 3 6 *

به نام عشق

گلگون

زهره انصاری

سریال کتاب:P2445100193
عنوان: گلگون
زیرنویس عنوان: مجموعه غزل‌ها
سراینده: زهره انصاری
طراحی و نقاشی‌ها: زهره انصاری
صفحه‌آرایی: نرگس تاج‌الدینی
طراحی جلد: محبوبه لعل‌پور
شابک: ISBN: 978-1-990760-93-6
موضوع: شعر
مشخصات کتاب: صحافی مقوایی روکش مخمل، سایز وزیری
تعداد صفحات: ۱۱۸
تاریخ نشر در کانادا: ستامبر ۲۰۲۴
انتشارات در کانادا: انتشارات بین المللی کیدزوکادو

Kidsocado Publishing House
خانه انتشارات کیدزوکادو
ونکوور، کانادا

تلفن: +1 (236) 333 7248
واتس آپ: +1 (236) 333 7248
ایمیل: INFO@KIDSOCADO.COM
وبسایت انتشارات: HTTPS://KIDSOCADO.COM

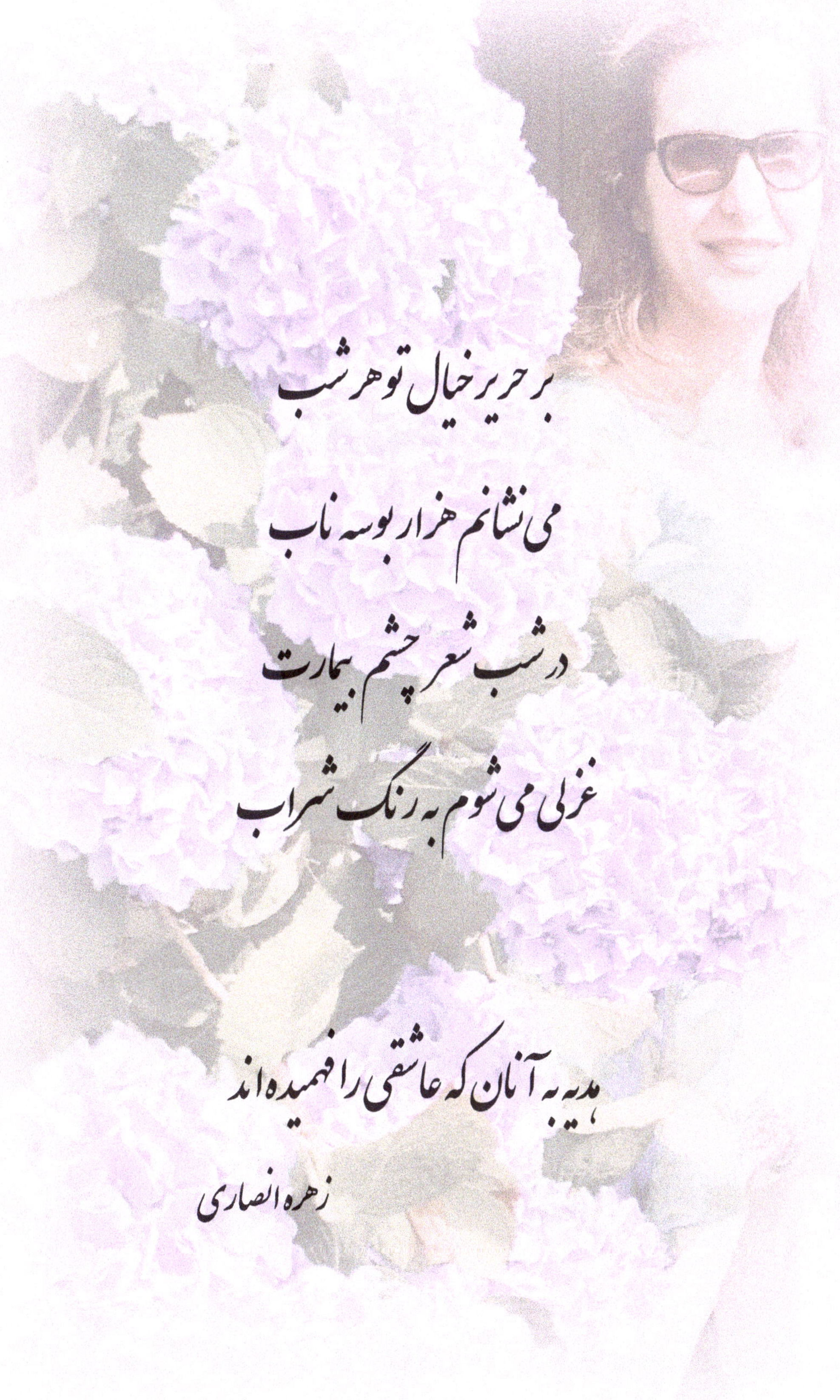

بر حریر خیال تو هر شب

می نشانم هزار بوسه ناب

در شب شعر چشم بیمارت

غزلی می شوم به رنگ شراب

هدیه به آنان که عاشقی را فهمیده اند

زهره انصاری

غزلیات

و

قطعات

آفتاب جانان

فروغ دیده من، آفتاب جانان است
به شام تیره جهانم از او چراغان است

جمال جان چو عیان شد به دیده عاشق
مجوی جامه دیبا، که نور عریان است

نه آن نگاه ضریری که جام شهوت شد
منم اثیری و چشمم از او فروزان است

به کاخ هستی من، دل چو پادشه بر تخت
دمی به دست فرشته، دمی به شیطان است

بود که اهل دلی رهنمای ما گردد
که فتنه‌هاست به ره، می نماید آسان است

شود چو آینه، صافی و صیقلی سالک
مثال تیغ کز آتش برون و خندان است

شبانگهان دل و جان در هوای تو سرمست
به چنگ زهره طربناک و شاد و رقصان است

یعنی مرا عاشق شو ... رو به یار عشق

روزی تو با رو به یار عشقم آشنا کنی / همچون پرستو بام خانه‌ام جا کنی

در آن جهان [illegible] بود و بار دگر در آغوشم کنی / هم مرا آرام دهی [illegible] صد [illegible] کنی

دل را نهان بود زیر بستر خاک / چون آنها [illegible] دلم و [illegible] کنی

در نهان [illegible] عشق پاک / نمی‌آید [illegible] چون مرا از این [illegible] کنی

چشمان ما هر چند گشته [illegible] بود / من با تو [illegible] شده [illegible] کنی

با تو بودم [illegible] / [illegible] چون [illegible] کنی

[illegible] بود و [illegible] بود [illegible] / با هر [illegible] کنی

یعنی [illegible] چشم / [illegible] گشته [illegible] کنی!؟

من جان و دل [illegible] / از این [illegible] تصدیق کنی!؟

من با هم [illegible] / با هر [illegible] کنی!؟

امشب من و [illegible] / [illegible] کنی!؟

دلبها [illegible] / [illegible] کنی!؟

در جان من [illegible] چون [illegible] / هر لحظه [illegible] چشم که از او [illegible] کنی!

یعنی مرا عاشق شو این قصه [illegible] / در [illegible] کنی

این شمع [illegible] / خطی [illegible] ...

این لحظه [illegible] / این [illegible]

۲ مهر ۱۴۰۲

۱۱ اکتبر ۲۰۲۴

با یک دل بی‌قرار [illegible]

[illegible] سلطانی

[illegible]

رویای عشق

روزی تو با رویای عشقم آشنا کردی
همچون پرستویی به بام خانه جا کردی

در آن خزان سرد و بارانی در آغوشت
نام مرا آرام و بی پروا صدا کردی

دل را که پنهان بود زیر بستر احساس
چون آهویی سر خوش به دام وعده‌ها کردی

بر بال‌های روشن امید و عشقی پاک
پرواز کردم چون مرا از من رها کردی

چشمان ما هرچند بسته، راه روشن بود
من با تو ما شد، لب فرو بستم؛ چه ها کردی!

با تو پریدم سوی ایوان طرب سرمست
شیوا بدی، شیدا شدم چون خنده‌ها کردی!

گاه بهاران بود و همدل بود جان ما
ناگه مرا در کنج خاموشی رها کردی

رفتی و در بهت غمت بی‌خواب شد چشمم
پرسیدمت: "رویای من! فتنه چرا کردی؟"

من جان و دل پیوستمت، ای یار صاحب‌دل
از من چه دیدی ای صنم؟ قصد کجا کردی؟

من مانده‌ام، وین لانه‌ی خالی و یاد تو
با که پریدی بی وفا که ترک ما کردی؟

امشب من و مهتاب و یاد بوسه‌های تو
یادت نمی‌آید که با من عهدها کردی؟

دل‌های ما را رنگ یک‌رنگی به هم آمیخت
یادت نمی‌آید که ترک مبتلا کردی؟

در جان من جاری شده جان تو چون چشمه
هر لحظه می‌جوشم که از کوهم جدا کردی

یاد آر در این شهر، دل مولا و سلطانست
ما ملک دل را بر تو دادیم و رها کردی

یاد تو را می‌پرورم در باغ دل چون گل
شاید سحرگاهی تو هم یادی ز ما کردی

گفتی مرا: "عاشق مشو! این شعله خاموش است
در زهره نور عشق می‌تابد؛ خطا کردی...

رقص زندگی

زندگی رقصان به هردم در دل هر دانه‌ای است
چشمه‌ای جوشان ز عشقست و مرا پیمانه‌ای است

یک نفس با غصه کی باشم در این دیر فنا
غم ندارم جز غمی کز فرقت جانانه‌ای است

درد این دنیا به جز درد فراق یار چیست؟
جز محبت در دل یاران که آن دُردانه‌ای است

مهلتی ما را در این صحراست، حالی ساربان
اشتران را بار می‌بندد که دیگر خانه‌ای است

رخت باید بست از این باغ و راغ و شوره زار
عشوه‌ها دارد جهان دون، ولی ویرانه‌ای است

موسم گل در طرب با دلبر عیار باش
صحبت جانانه نزد لعبت مرجانه‌ای است

در گلستان طرب، با بلبلان سرمست و خوش
خنده زن در کهکشان‌ها زهره‌ی دیوانه‌ای است

شوق دیدار

باز می‌گردد گل روی تو در ویرانه‌ام
شوق دیدارت نمی‌دانی کند دیوانه‌ام

باز می‌پیچد نسیم عشق در بستان جان
نغمه می‌خواند پرستوی دلت در خانه‌ام

بوسه بر گلبرگ جانم می‌زند در هر سحر
همچو شبنم می‌نشیند اشک تو بر شانه‌ام

باز می‌رقصد به گلزار دلم آهوی عشق
بوی مشکینت معطر می‌کند کاشانه‌ام

باز در شب‌های تار غم تو پیدا می‌شوی
تا بسوزد شعله شمع رخت پروانه‌ام

قصه‌ها دارم ز تو، شیرین‌تر از شهد و عسل
تا حکایت از تو می‌گویم، دگر افسانه‌ام

خنده‌ات اکسیر جان، پیمانه کردم دیده را
جرعه‌ای بفشان ز لبخندت بر این پیمانه‌ام

جان ز عطر مریمت سرشار سرمستی شده
در بهشت خاطراتت سرخوشم، مستانه‌ام!

همچو شاهین بر فراز بام دل در گردشی
تا به فرش افتاده‌ام، با عرش تو بیگانه‌ام

در فلك با زهره و پروین نهان گویی سخن
در مقام عشق تو بر اختران فرزانه‌ام

بند مهر

در بند تو در بندم، این در به تو چون بندم
تا پای در این بندم، بر عهد تو پابندم

گر تلخم و گر قندم، گر گریه و لبخندم
با یاد تو خرسندم؛ بوی تو خداوندم

گر موجم و طوفانم، آرامش و عصیانم
هم کفرم و ایمانم، چشمان تو سوگندم

گر مستم و هشیارم، گر خوابم و بیدارم
از مهر تو سرشارم، از مهر تو آکندم

هم دردی و درمانی، هم وصلی و هجرانی
آشوبی و سامانی، جز تو ز جهان کندم

خویش من و کیش من، نوش من و نیش من
جانی است که پیش من، در پیش تو افکندم

گفتند به صد پندم، تا در به تو بربندم
در بر همه می‌بندم، تا جان به تو پیوندم

در حلقه جادویت، آشفته چو گیسویت
بی سرشده‌ام سویت، ای یار برومندم

من بلبل این باغم، چون لاله به دل داغم
با زهره مگو از غم، چون عشق تو بخشندم

ای مونس غمخوارم، و ای محرم اسرارم
باز آی به دیدارم، تا بار دگر خندم

می‌دانم و می‌دانی، در دل نفس و جانی
گر نام مرا خوانی، در دم به تو پیوندم

دیوار شب

باز من بیدار و دل بیمار، وین دیوار شب
باز لب خاموش و جان مدهوش، زین خَمّار شب

باز هم نجوای بی‌جانی میان شاخه‌ها
تا کدامین صید گیرد مرغ از منقار شب

باز آوازی و پژواکی و بادی بی‌مسیر
تا کدامین خواب در رویا کشد پندار شب

باز گریان، باز نالان، باز طفل جان من
می‌شود خاموش، شاید بشنود اسرار شب

باز باران، باز بوی خاک و بوی برگ‌ها
بوی ایام جوانی آید از گلزار شب

باز اندر مهربانی، گاهِ آذر می‌رسد
نقشِ بی‌قابیست عمرِ رفته بر دیوار شب

باز ماه و زهره در خلوت به خواب آسمان
بوسه‌های گرم می‌دزدند از رخسار شب

خلوت یار

باز آی که امشب به مقام تو نشینم
با دیده بیدار به شام تو نشینم

گر بخت بود تا که به بند تو در افتم
آهو شوم و رام، به دام تو نشینم

مرغ دل من بر سر هر شاخ به پرواز
تا همچو هما بر سر بام تو نشینم

تا بوسه زند بر لب جام آن لب لعلت
ساغر شوم و مست به کام تو نشینم

آتش زده‌ای خرمن عالم به نگاهی
چون سوخته آهی به مشام تو نشینم

بر اوج سپهرت که سراپرده عشقست
چون زهره به امید سلام تو نشینم

پیک شادی

ای صبا، امشب به پیغامی دلم را شاد کن
بر فراز بام شادی مرغ جان آزاد کن

از دیار بیدلان بوی بهاران می‌رسد
بلبل خوشخوان نوای عشق را فریاد کن

ای همایون بخت، ای کاشانه امید من
راز دل همراه دیوان بر فلك بیداد کن

بار بر دوش زمستان و بهاران خوش خرام
کاروان عشق را هم پای جان شهداد کن

بر لبم مهر خموشی می‌زند درد زمان
ای مراد هر سخن، قفل زبان آزاد کن

ای سرور عالم حسن و هنر، در وقت گل
با سرور زندگانی، این چمن آباد کن

ساقی از نوروز جام مِی دهد بر دست گل
بوی یاس و رازقی‌ها را به دست باد کن

جانب غربت بسی دل‌ها به شوق قربتست
ای فلك نوروز ما را خوش‌ترین اعیاد کن

ای چراغ آسمان روشن ز روی ماه تو
زهره را یک شب به دیدار رخت دل شاد کن

نام دوست

خوشتر از نام تو ای دوست چه آید به زبان
چه بگویم که به دل نیست دگر تاب و توان

جام می در کف و ساقی به بر و من تنها
شرح این قصه نگوید مگرم آه و فغان

آسمان مست و من می زده در بند زمین
موی یارست که بندست به او راز جهان

راز سرمستی عالم همه در چشم تو بود
من غافل، نگه از چشم تو کردم پنهان

ساز دل درخور مطرب‌کده دوست نبود
زهره در چنگ فلک، بسته دولب را ز بیان

وهم سبز

شعله پرتشویش، نایم بی‌سرود
تیر سردی بر دلم آمد فرود

خون تنهایی ز زخم دل روان
می‌فرستم بر چنین زخمی درود

مطربم در پرده دی خوش می‌نواخت
زهره می‌زد چنگ در دامان عود

ساقی اندر بزم من خامش نشست
بخت خواب و کاسه گردان در غنود

وهم سبز خاطرت ای دل فریب
داد بر بادم ز هر بود و نبود

کاش از حرم نفس‌هایت دمی
آتشی بر نای خشکم می‌فزود

شعله می‌زد در نوای این نفس
یا به کام شعله جان را می‌ربود

یاد یار

امشب مه من به طرف بستان، امشب دل من هزاردستان
امشب گل و نغمه و می و شور، در ساغر جمع می‌پرستان

در کاسه جان زلال مهرست، در دل هوس وصال جانان
هرچند خرابه می‌نشینم، مشتاق کنار عندلیبان

بنگر که همای نیك بختی، بر بام دلت گرفته منزل
آغوش به نور برگشا دوست، تا دوست گشایدت دل و جان

تا در قدحت شراب الفت، تا در قدمت نثار صد گل
شوری به سرای جانت افتد، تن گلشن و دل شود گلستان

اکنون که نشسته‌ای دلارام، در بستر خاطرات دیروز
خواهم که بگیردت در آغوش، امید و طرب به نوبهاران

اینك که به بزمگاه یاران، مهرست و صفا به صد نشانه،
بنگر که افق نشسته در نور، افشان ز فروغ ماه تابان

بنگر که نشسته در رخ ماه، تصویر رُخَت به ناز و زیور
وز زهره شنو نوای چنگی، یاد آر ز ماه روی یاران.

فروغ دل

تا فروغت نظری بر حرم دل فِکَنَد
دیده از شام سیه بیش شکایت نکند

تا نگاه تو نوازشگر هر صبح من است
دلِ دیوانه سحر، ترکِ عبادت نکند

چیست این راز که بر بستر آرامش تو
روز و شب، شادی و غم، هیچ تفاوت نکند

ای دلارام، بیارام به گهواره شیرین زمان
که به تندی برود، بر تو عنایت نکند

بند بند تن من نغمه ز عشق تو زند
بلبل شیفته بر خامشی عادت نکند

شده لبریز دلم از تو و عشق تو صنم!
چه کسی گفت که عشق تو کفایت نکند؟

شمع را سوخت نفس‌های لب خاموشم
با تو اما سخن از حزن و ملالت نکند

چشمهٔ عشق و بهاری تو به صحرای دلم
نازنین! کیست که احساس سعادت نکند؟

گل لبخند چو یکدم به لبت بوسه زند
شادی زهره بر افلاک، نهایت نکند

رویای مهتاب

این چه طبع است که ناگه دل ما زار کنی
مست و دیوانه به هرکوچه و بازار کنی؟

این چه حسن است که ما را به ثریا ببری
ناگهان پست به دامان زمین، خوار کنی؟

پای ما در ره این میکده را خود سببی
دل دردی کش ما از چه تو آزار کنی؟

ره ارباب طریقت همه پر پیچ و خمست
ز چه این قافله را خسته ز دیدار کنی؟

من که در عهد و وفای تو دلم معتکف است
بیش ازین در غم دوری ز چه بیمار کنی؟

گفته‌ای ناله ز معشوق ره عاشق نیست
عاشق بیدل خود از چه تو بر دار کنی!

هوسی نیست دگر در دل همچون قفسم
مگر این شرح و بیان در بر دلدار کنی

داغ عشقم به دل و تن به نسیمی لرزان
کاش یک بوسه بر این چهره تب‌دار کنی

شده رویای دلم در شب مهتابی عشق
زهره را وقت سحرگاه تو بیدار کنی ...

خنیا

ناگهان پرده برافتاد، به شب غوغا شد
باد اندر خم گیسوی تو جان افزا شد

ناگهان کوه غمت در نفسی شد چون کاه
نور بر بستر این دشت ختن پیدا شد

شعله می‌خواست بسوزد پر پروانه به جور
شمع را سوخت در این عشق و بر آن سودا شد

کاروان می‌رود و بار سخن بر دل من
ای دل خفته به صد غمزه، دگر فردا شد

گر توانی گل سرخی بنشان در دل خاك
جان بلبل بنگر کز غم گل شیدا شد

قدمت در دل شب چون به گلستان افتاد
دل رامشگر مهتاب، خُم خنیا شد

زهره در رقص و طرب در شب تاریک غمت
سِرّ جان گفت بر افلاک و دلش رسوا شد

پشیمانی

آدمی چون می‌رود، نامش رود بر آسمان
قصه می‌گویند یاران از فراقش در فغان

عاشقان با اشک حسرت گرد خاک سرد او
دشمنانش رهرو و حامی شوندش مردمان

همچو قرص ماه کو پنهان شده در پشت ابر
در میان برکه می‌جویند رخسار سپیدش را غمان

آسمان روشن، ولی سرها همه در چنبر است
وای اگر ابری بپوشد روی خورشید زمان

ای صبا، بردار از اسرار دل‌ها پرده را
تا که بردارند سر از خواب شیرین جهان

جرعه‌ای از آب وصل ساغر صاحبدلان
شعله‌ای از آتش وحدت به دلهامان رسان

پیش از آن کز فرقت جانان شود جانم خراب
گوهر عشق و محبت در دل یاران نشان

روزگار آشفته و عالم به پیچ و تاب او
چنگ در گیسوی مهرت زهره دارد در شبان

کشورم ایران

من کشور ایرانم، من خاك دلیرانم،
کاشانه دلداران، من مادر مهرانم

یک روز بدم برسر، یک چند شدم بر سر
افتاده ز داغ مهر، صد شعله بر این جانم

ناگه ز کدامین دست، شد تیر ستم در شب
اندوه و غم عالم، بنشست به دامانم

بینی که عزادارم، تن‌ها به کفن دارم؟
تا چند ز این آزرم، خوابند به دامانم؟

در لوح زمان حك شد، خون دل صدها مرد
اشك غم بس مادر، بنشسته به ایوانم

من کشور ایرانم، من مهد دلیرانم
اکنون غم و اندوهم، بردست ز سامانم

خواهم کنم اندیشه، تا دل ز زمان گیرم
از هر گذر مرگی بی کینه سخن رانم

اما تو بدان روزی، که این سرو شود آزاد
گیرم ثمر هرخون، از دشمن و دیوانم

شمشیر زبان

"دل که رنجید از کسی خرسند کردن مشکل است
شیشه بشکسته را پیوند کردن مشکل است
کوه ناهموار راهموار کردن سخت نیست
حرف ناهموار راهموار کردن مشکل است"

صائب تبریزی

....

عشق را در بحر نابودی کشاندن سخت نیست
موج دریای عداوت را شکستن مشکل است

خواندن شعر و غزل در وصف جانان صعب نیست
بیتی از عدل و غزل ز انصاف گفتن مشکل است

بر بخار شیشه انگشتان کشیدن کار ماست
طرح زیبایی ز دل بر آن کشیدن مشکل است

گر به کامت زهر ریزد یا شکر این روزگار
از خم سرخ فلك پیمانه خوردن مشکل است

آتش دوزخ اگر سوزد مرا، گو باک نیست
گر بسوزد دل ز جور مهربانان مشکل است

فصل یخبندان که می سوزد نگاهم، بگذرد
بر یخ نامردمی‌ها اشکریزان، مشکل است

گرجوانی رفت، شیدایی گذشت و شور رفت
جان دل، آن رفته را پیدا نمودن مشکل است

نغمه سر کن باز ای مرغ خوش الحان در چمن
در سکوت شب به چشم زهره، خفتن مشکل است.

نظرگه جان

عالم اگر به سر شود، جز تو که را نظر شود
در صدف دلم کسی جز تو گهر نمی‌شود

چشم دلم نبسته‌ای، جام می‌ام شکسته‌ای
جان ز تنم ربوده‌ای، کی تب تو گذر شود

دولت عمر من بشد، جور و جفات کم نشد
سنگ دلت چو خاره شد، تا بد تو بتر شود

من به نگاه تو فسون، دل ز کلامت به جنون
سر به وصال تو کنون، چون ندهم؟ مگر شود؟

پای ز کویت نرمد، مهر ز قلبم نرود
چشم گلایه می‌کند، اشك به گونه سر شود

در حرم خیال تو، معتکف وصال تو
در طرب نماز تو، شام کجا سحر شود؟

تا به امید تو نشست، در غمت از جهان گسست
زهره بر این در است اگر، از همه در به در شود

مرغ قفس

در هوای با تو بودن من شدم مرغ قفس
راز خود در دل نهفتم تا نداند هیچ کس

در درون سینه رویای تو با من یار بود
قلب‌هامان گرچه با هم، هردو دور از دسترس

راز و رمز مهر ما چون آینه در هر نگاه
خامش و آرام، همدل، همصدا و همنفس

فصل باران بود و من تنها میان تندباد
رفت آن پیمان ز یاد تو به یک باد هوس

کاش دریای دلت تنگ بلوری بود ومن تنها در آن
کاش چشمانت میان آسمان تنها مرا می‌دید و بس

کاش هنگام شکار بچه آهویان میان دشت‌ها
می‌زدی سر تا ببینی زهره مانده در قفس!

به رنگ عشق

پاییز و من، بار دگر در لابلای رنگ‌ها
چشمم تو را گم می‌کند، در دل ولی می‌بینمت

می‌جویمت از هرطرف، هرجا که بادی می‌وزد
در رقص شاخ و برگ‌ها با بوسه‌ای می‌چینمت

خاموش و تنها هر سحر یاد تو در آغوش من
چون جان شیرینی به تن، در سینه برگیرمت

رنگی است در چشمان تو، جانم به غوغا می‌کشد
تا زنده ماند آن نگه، در هر نفس می‌میرمت

روزی زمستان می‌شود، بر شاخه‌ها برف سپید
خوابیده‌ای آرام و من، در خواب خود می‌بوسمت

آید بهار دیگری، بازت بگیرم در بغل
در خندهٔ یاس و سمن، بار دگر می‌بویَمت

چرخ زمان

نقد ایام مکن، چرخ زمان می‌گذرد
قیل و قال و سخن سود و زیان می‌گذرد

خواب بر سیطره‌ی خاك زند سایه و باز
روز نو می‌رسد و تیره شبان می‌گذرد

زیر آوار دو صد خاطره می‌باید خفت
حالیا دایره بان چرخ زنان می‌گذرد

سوگواری قلم در شب کشتار کتاب
شام در فاتحه مرگ بیان می‌گذرد

سالك و عارف و درویش به خلوتگه راز
و آن یک از صومعه و دیر مغان می‌گذرد

گفت آن رند خرابات به آواز بلند
نقد ایام مکن، زهره! زمان می‌گذرد

رفیق

درون سینه دردی بس عمیقم
به دریای غم عالم غریقم

غم عالم به سیبی شد نصیبم
هنوز اندر پی کشف طریقم

ز همراهان نشد همراز یاری
که باشد همچو آیینه صدیقم

به هرجا راز دل گویم بخندند
تو گویی اهل ایام عتیقم

چه داند نوش آن کس کو زند نیش
به زخم سخره بر قلب رقیقم

به خاك افتاده‌ام اینك سراپای
بیا دستم ستان یار شفیقم

شکافم سینه هر سنگ خارا
اگر با من برویی ای رفیقم

حرمت

چون نمی‌دانی که می‌رقصد پس پرده؛ خموش!
عرشیان را حرمت عشقست آوای سروش

کوه در هم می‌شکافد در مصاف صاعقه
خرمنی را تندبادی می‌کند کاهی، به هوش!

اشك بر دامان شدم دی در غم دیرینه‌ای
تنگنای سینه شد از حزن یاران در خروش!

خواستم از پرده بیرون، شیونی برپا کنم
تا نهفتم این نوا، آمد ز عشاقم به گوش

با سر هشیار سرمستی نمی‌آید بدست
باده سرمستانه نوش و مستی از اغیار پوش

تا به موجی نگسلد این ساحل آرام را
بغض دریا را به آغوش محبت کن خموش

ماه از بستر برون شد، نور را در حلقه کرد
در صراحی ریخت می بر بیدلان دردنوش

محتسب در حجره‌ی خود لاف رندی می‌زند
زهره در بزم سماع آسمان در جنب و جوش

بلندم کن

بلندم کن، بلندم کن از این افتاده در پستی
خرابم کن، خرابم کن! به یک ساغر می هستی

اسیر بند خویشم در گِل سردِ تنی خاموش
رهایم کن، رهایم کن! که پای دل به ره بستی

به مهرت روز را سوزم، به شب از مه کله گیرم
شرارم کن، شرارم کن! چو با آتش بپیوستی

زبان خاموش و دل آتش ازین بیدادگر دوران
فغانم کن، فغانم کن! که قفل غم به لب بستی

گهی افتان و خیزانم، گهی از خود گریزانم
قرارم کن، قرارم کن! از این رخوت، از این خستی

نه تاب هوشیارانم، به کوی عشق حیرانم
خمارم کن، خمارم کن! زهی رسوایی و مستی

تویی مرهم به هر دردی، چرا زخمم نمی‌بندی؟
علاجم کن، علاجم کن! به درمانم بزن دستی

اگر دیوانگی باید که راز زهره بنماید
جنونم کن، جنونم کن! بغل بگشا! کجا هستی؟

حور

بنمای جمال حور، تا نور به جان ریزد
بردار ز رخ برقع، تا جان به فغان خیزد

ای در خم زلفت دل و ای دل ز توام در خون
از طعنه هشیاران، دیوانه چه پرهیزد؟

سرخوش به ره کویت، شب را به سحر بردم
تا در طلب جانان، جان در قدمت ریزد

بی واهمه از خسرو ، فرهاد شدم بر کوه
من طالب شیرینم، هر فتنه که برخیزد

هر جلوه این هستی، رنگیست ز سرمستی
این رقص که می‌بینی در گل طرب انگیزد

بر غیب زدم فالی، تا زهره زند شاهد
مستان بلاجو را، هشیار چه بستیزد؟

بهار

موسم عشق و بهارست و سرور
چشم بد از گل ایام به دور

سوسن و لاله و نسرین به چمن
بلبل نغمه سرا، مست غرور

سکه و سرکه و سیب و سمنو
سنجد و سبزه و سنبل به وفور

رونق و برکت و تن سالم و خوش
سفره مهر و صفا، سفره نور

اشك از چشمه جان در غلیان
دل برون شد ز خود از شادی و شور

حسب حالی زده بردرگه دوست
حافظ خوش سخن آمد به حضور

مژده ای داد که غم می‌گذرد
گفت زینهار! که می باش صبور

شب مهتاب بزن جام صبوح
رقص ماهی بنگر در دل نور

خوشترین لحظه همین یك نفس است
یار و یك بوسه به یك تنگ بلور

آغوش دل

آغوش دل را باز کن، خندان به منزل آمدم
در گلشن رویای تو، سرمست و بیدل آمدم

سلطان صاحبدل تویی، هشیار چون خواهم شدن؟
بگشای خوان نعمتت، درویش و سائل آمدم

هرکس خدای خویش را در آینه پیدا کند
ای تو خداوند دلم، سوی تو واصل آمدم

در چاره‌ی بیچارگی جویای احوالم تویی
در جستجوی دامنت چون طفل غافل آمدم

گرداب و گل اندر مسیل، رود سخن آشوب شد
صد چشمه از چشمم روان، تا سوی ساحل آمدم

راه شبستان تار شد، چون ابر روی مه گرفت
چنگی زدم بر زهره تا وصل تو حاصل آمدم

دلتنگی

باز آی که بی قند تو زهرست در این کام
بنشین که فراموش کنم غصه و آلام

اندوه و غم دور و زمان از دل تنگم
بگریخت، چوگشتی تو مرا یار دل آرام

هنگامه بشد در دلم از شوق نگاهت
ایکاش بماندی به برم در همه هنگام

درویش صفت در قدمت جبه فکندم
سلطان تویی‌ام، حکم قضای تو به فرجام

هرچند که دور از من و در پرده نشستی
از پرده برون گشته دلم، گمره و گمنام

هرشب به دعا خواهم از این سینه برونت
پیش سحرم دل به طواف تو به احرام

در کوی سماوات به شب زهرهء چنگی
می‌کرد فغان از غم عشق تو به ایهام

کین بارگه لطف عوام است و منم خاص
از بیگنهی در گنه عشق تو بدنام

۲۰۲۱

این بار اگر عاشق شوم.....

فرش دل

این روزها باد بهار، حتی عبور یك نسیم
هر لحظه می‌پیچد به ناز، در تار و پود پیکرم

هر ذره از این بیکران، دریا و کوه و دشت‌ها
حتی شراری بی‌نفس، روشن کند خاکسترم

اندر سکوت این کویر، در خواب یا بیداریم
با نم نم باران تو، شوری دگر دارد سرم

از خلوت ابر بهار، باران شو بر جانم ببار
تا بشکفد از مهر تو، گل‌های معنی در برم

راز نهان عاشقی، صدها غزل در وصف تو
آواز و تار و سوز نی، گلگون ز تو در ساغرم

از کوه‌ها جاری شدم، چون چشمه‌ای بر راه تو
شاید بشویم صورتت، با بوسه جان پرورم

این بار اگر عاشق شوم، جای تمام واژه‌ها
پر پر کنم دل را چو فرش، تا پا نهی بر بسترم

این بار اگر عاشق شوم، جای هراس و دلهره
لبخند آرام تو را، گیرم بغل در خاطرم

این بار اگر عاشق شوم، گم می‌شوم در اشک تو
تا در زلال دیده‌ات، پیدا شدن را بنگرم

این بار می‌دانم دگر، در گلشن رویای تو
لرزان نخواهد شد دمی، جان و جهان خاطرم

باز آمدم

باز آمدم، بازآمدم، سویت به آواز آمدم
بر بوی زلفت پرزنان ، چون مرغ شهباز آمدم

برقی شدم بر آسمان، غوغا فکندم بر زمان
پرّان میان اختران، سویت به پرواز آمدم

خواهم دریدن پرده‌ها، خوانم چو بلبل نغمه‌ها
با ساز تو، با راز تو، با عشق دمساز آمدم

نی پای ماندی‌ام،نه سر، بر بال دل کردم سفر
دل را ربودی از برم، رقصان و طناز آمدم

در درد عشقت مبتلا، هرسو روان کردم دعا
با مهر و صد لطف و صفا، دنبال همراز آمدم

چون زهره را دادی صلا، درشامگاهان بلا
جان در کف و دل در هوا، سویت به صد ناز آمدم

دل دریایی

دیرگاهیست به شب دیده و دل ناسوده
غرق آغوش خیالت دل و جانم بوده

تن بیمار و دل خسته و دوری ز تو باز
زیر آوار سخن‌ها شده‌ام فرسوده

برکشیدند همه تیغ زبان بر دل زار
زخم بیرحم سخن بر دل تب آلوده

خام گوید که چنین شور وشرر یک هوس است
پخته داند که مرا سوختن این سان بوده

دل دریایی من قطره‌ای از عشق تو است
فکر کوته نظران کی کندم آلوده؟

زهره از پرتو خورشید تو چون اختر شد
ورنه هیچ است و به خاکست جهان تا بوده

فریاد

نام تو را در ناله‌ها فریاد کردم
طوفان شدم در موج‌ها بیداد کردم

شب تا سحر چون شمع در خلوت نشستم
هستی شدم خاکستر و بر باد کردم

امشب دگر اشکی ندارم، ناله پژمرد
صیدم! هوای خانه صیاد کردم

یارب ز بند عشقت آزادی نخواهم
ویرانه دل در غمت آباد کردم

نام تو را در ناله‌ها فریاد کردم
طوفان شدم در موج‌ها بیداد کردم

یارب ز بند عشقت آزادی نخواهم
ویرانه دل در غمت آباد کردم

نقاب

باز فتاده‌ام به شب، دیده ندیده خواب را
خسته ز سیر بادیه، جسته ره سراب را

در خم روزگار دون، سر به زمین نهاده‌ام
واژه ندارم توان، چون کنم این کتاب را؟

گوش فلك کشیده‌ام، در دل ابر در نهان
تا نکشد ز شیونم، جمله به غم سحاب را

ای که به بام حادثه، خسته نشسته‌ای ز غم
همچو همای بایدت، تا برسی عقاب را

سر به کجا نهاده‌ای، تا به کجا نهان شوی
خرقه زهد پاره کن، تا بدری حجاب را

من که ز جام عاشقی، دردکش پیاله‌ام
منع رطب کجا کنم؟ نوش کن این شراب را

زخمه زنی به تار دل، پرده به پرده می‌دری
گر تو کرشمه‌ای کنی، سینه درم رباب را

کاش ز چنگ آسمان، زهره رها شود دمی
در بغلت غزل شود، پاره کند نقاب را

ناشناس

کیستم من؟ از خودم بیگانه، با خود آشنا
گر تو یار دل شوی خود را بیابم در برت

کیستم من؟ قاصدی گم کرده ره در اشتیاق
تا تو را یابم بسوزم نامه‌ها در دامنت

کیستم من؟ هیچ! پنهان در نگاه سایه‌ای
آفتابم شو که نوردیده گیرم از رُخَت

کیستم من؟ معتکف اندر حریم حسن تو
بوی آن دارم دعا افتد قبول درگهت

کیستم من؟ رونق دیروز و امروزم خزان
ای بهار جان من! باز آ، که بینم رونقت

کیستم من؟ زهره‌ای، افتاده از افسون جدا
کاش سحر من بگیرد بار دیگر دامنت

نفس

بی نفس افتاده در تب، در هوای یك نسیم
یك نفس دادی مرا، تاب و توان من شدی

بی نشان از ساحلی، گمگشته در دریای غم
از افق چون سرزدی، نام و نشان من شدی

موج شد جان، کوفتم بر صخره‌های سخت سر
چشمه‌ی امید چشم درفشان من شدی

یك نظر بر زهره کردی، آسمان آتش گرفت
خرمن جان سوختی، جان و جهان من شدی

بالش رویای تو

با پلک‌های نیمه باز، بر بالش رویای تو،
شب تا سحر سر می‌نهم، شاید دمی یادم کنی!

چون موج بر ساحل زنم، بادی شوم بر دشت‌ها
چون نغمه در دامان کوه، شاید که فریادم کنی

با غمزه‌هایت آشنا، با ناز تو در گلشنم
هر عشوه‌ات را می‌خرم، هرچند بیدادم کنی

از زردی مهر و آبان، وز دی به سرما خسته‌ام
ای تیر عشقت بر دلم، باز آ أمردادم کنی

شاید که بیمارم شدی، شاید شدی بی تاب من
ای من شکسته در غمت، بازآ که امدادم کنی

با من بمان ای نازنین، سهل است ای گلرخ تو را
من عندلیب خسته‌ام، با بوسه‌ای شادم کنی

بنشین به پای قصه‌ام، پایان شعر من خوشست
من زهره آزاده‌ام، مشکل که در دامم کنی

با فتنه‌های روزگار، مهر تو گنج این دلم،
گر چون نسیمی سرکشی، بر عرش آزادم کنی

پاییز

بوسه زد بر زخم به طنازی
باد رقصان به برگ پائیزی

گفتمش من که زاده عشقم
فتنه این چیست بر سرم ریزی؟

گفت پوشیده بر تنم صد رنگ
سرخ و زردم، کبود و گه غازی

درد عشقی کشیده‌ام بر جان
دیدم از روزگار صد بازی

بر رُخم زرد و سرخ و سبز و کبود
در نهان باشدم به دل رازی

هر که را در درون بود دردی
چهره گلگون کند به غمازی

گر نخواهی که ساز دل شکند
ساز دل کوک کن به هر سازی

پرده عمر و خیمه شب بازی
عشق بازیست جمله این بازی

رنگ‌های خزان

گاهی زلال و جاری، در گریه‌های باران
گاهی بنفش و قرمز، در دامن گلستان

گاهی سپید و روشن، بر قله می‌نشینی
گاهی چو چشمه نور، جاری ز کوهساران

گاهی به رنگ این دل، سرخی و آتشینی
گاهی چو روی عاشق، زردی ز داغ هجران

ای در درون سینه، هردم روان به رنگی
هر برگ این خزانت، دارد حدیث جانان

ای دامن جهانی، رنگین ز روی خوبت
بر دامن دل من، بنشین دمی خرامان

در بزم برگریزان، وین باغ عشق و مستی
دل می‌دهم به مهرت، گیسو کنم پریشان

در روشنا و تیره، هر چهره سایه گون است
با تو چراغ زهره، در آسمان درخشان

یلدای احسان

بیا امشب دلت را میزبان باد و باران کن
به شام تیرگی‌ها، ماه جان و دل چراغان کن

چراغ سبز بستان در دل سرما به خاموشیست
بیا ای باغبان دل، زمستان را گل افشان کن

بساط روشنی اندر دل امیدواران است
به بزم سفره‌ی احسان انار دل فراوان کن

ز صدها تار گیسویت بسی محتاج یك تارند
به کوی عشق یك طره ز گیسویت پریشان کن

جهان خاکستر غم می‌شود از اشك یك کودك
به یك لبخنده مهرت، لبش را خنده افشان کن

به پای خلوت شمع و بساط جام و شیرینی
دل پروانه را اندر وصال دوست سامان کن

میان بندیان چون پای اهل دل به زنجیرست
چو عیاران رها زنجیریان از دام زندان کن

گرت امشب دمی باشد غنیمت در کنار یار
شب مهتاب را هم بستر خورشیدِ تابان کن

شکستم بی صدا و کرده‌ام پنهان ز گوش دهر
درین یلدا شب احسان، دل بیمار درمان کن

به شب در گردش گردون، رخ زهره مه آلودست
ملالی نیست ای ساقی، می ای در جام یاران کن

راز مستی

زمستان راز مستان را بجز مستان چه کس داند
نهان و راز دل در کوی سرمستان چه کس داند

ز هشیاری کجا دم می‌زند مخمور بی باده
طریق کوی مشتاقان بجز جانان چه کس داند

سمن از نغمه بلبل به بستان کاسه گردان شد
ز بلبل یا ز بوی گل طرب چندان، چه کس داند

به شب غوغای خاموش مریدان در سرای دوست
به روز از خفته و بیدار و مدهوشان، چه کس داند

ز عرش آسمان تا فرش خاکش جمله پر گوهر
ز مهر و زهره و پروین از این کیهان چه کس داند

ز یاران، یار آن بودم که بی تاب از جهانم کرد
چه یارایم بود بی یار و زین دوران، چه کس داند

عید

عید شد جامه دران در هوس بستان خیز
شهد شیرین بستان، باده به کام جان ریز

خسروانی دو سه روز است بدین کاخ بلند
پسته بر خنده گشا، از غم دوران بگریز

فرصت باده مده در قدم باد به باد
پیش ارباب هنر دایره دستان ریز

زندگی خنده عشقست به لب‌های زمان
جام اکسیر بنوش، ای تو مرا جان عزیز

انتظار

شب با خیالت می‌روم تا اوج افلاک
از خاک تیره تا ثریا می‌کشم پر

باید که بی سر پا نهی در راه دلدار
جانا، به راهت داده‌ام هم جان و هم سر

در شوق دیدارت صبوری می‌کند دل
در داغ هجرت دیده شد دریای گوهر

جز با تو از غم‌های دل دیگر نگویم
باز آ و بگشا از دل دیوانه‌ام در

زنجیر بر جانست و زین سودا دلم خوش
کاین قصه عشق و جنون باشد مکرر

راهی دراز، اما به سوی روشنایی است
با زهره و پروین و صدها دیگر اختر

لیلای سرگردان

از آتش عشق تو من، یک شعله سوزان شدم
داغم به دل، دودم به سر، بر آسمان رقصان شدم

گم کرده ره، بر در زدم، بر ماه و بر اختر زدم
در خیل مستان سرزدم، در کوی تو حیران شدم

دل را نهادم در کفت، بستم کمر، پا در رهت
بهر تو در بحر غمت، از دیده درافشان شدم

در وهم این دشت جنون، از خود خرامیدم برون
در عشق مجنون، دل به خون، لیلای سرگردان شدم

در بامداد ارغوان، در گوش جان کردی فغان
کردی جدایم از جهان، پژواک جاویدان شدم

در راه بنهادم قدم، نزدیک می‌شد دم به دم
یک دم نفس شد در عدم، چون زهره‌ی تابان شدم

آوار

پس آوار، دیوارست و دیوار!
دو قوی خسته و تنها، سبک بار

اسیر خاک تشنه، زار و بیمار
رها گشتند، تا آن سوی دیدار

افق در خون و چشم ماه بیدار
سپهر آشفته‌تر از موی دلدار

فتاده موج دریا در تلاطم
خداوندا! قرارم را نگهدار!

عنان بگسسته دوران توسنم را
خدواندا! عنانم را نگهدار!

زبان فتنه در کام زمان است
خداوندا! زبانم را نگهدار!

به زشتی چشم عالم را بسوزند
خداوندا! نگاهم را نگهدار!

مرادم آن که در عشقت دهم جان
خداوندا! مرادم را نگهدار!

همنفس

در دل صدا کردم تو را، ناگه چو رویا آمدی
باران خوشبختی شدی، بر قلب صحرا آمدی

در ظلمت تاریک غم، خاموش بودم ناگهان
در برکه چشمان من، چون ماه زیبا آمدی

کردم فغان در پرده‌ها، راز دل شیدای خود
تا از میان پرده‌ها، با من به نجوا آمدی

آتش زدی در خرمنم از عقل رستم وز جهان
دنیا نهادم زیر پا، تا تو به دنیا آمدی

هرچند می‌گویم برو، خواهم بمانی تا ابد
تا با تو گویم قصه‌ها، اکنون که تنها آمدی

با هرنفس ای همنفس یادآورم آن روز را
کز ساحل آزاد و رها، با من به دریا آمدی

در انحنای این افق قویی نشسته منتظر
تا شب گریزد در سحر، شاید تو فردا آمدی

با زهره می‌گویم به شب، صد قصه ناگفتنی
ای جان جان ،در جان من، عشقی وپیدا آمدی

در دل صدا کردم ترا

پیک دل

ای آسمان ای بیکران، بر من ببار ای مهربان
بی من مرو، لختی بمان، باران بزن، با من بخوان

بر صورت پاک زمین، نقش دل من را ببین
چون می‌روی دل را ببر، در کوی دلدارم نشان

دل را چودادی دست او، از خاطر زارم بگو
از داغ این دل مو به مو، از گریه های بی امان

دستان گرمش را به ناز، با بوسه های دل نواز
پنهان بگو راز و نیاز، از دیده اهریمنان

یاد آور از عهد وفا، از دوره صدق و صفا
از چشم پرمهرش شفا، بر جان بیمارم رسان

با او بگو شمشاد من، بر باد شد بنیاد من
در نغمه بیداد من، فریاد کن، دادم ستان

با او بگو ای آشنا، کردی مرا از من جدا
حالی ازین تقدیر ما، جان بی رمق، تن ناتوان

هر شامگاه و هر سحر، خواندی مرا شهد و شکر
از خانه شد دل دربدر، از مکرت ای شیرین زبان

گفتی گرفتار توام، در شوق دیدار توام
حالا که غمخوار توام، از کام غم بازم رهان

در بستر تن پوش برف، می‌جویمت از هر طرف
شاید که تیری بر هدف، بنشیندم از این کمان

در واژه‌های شعر من، جز راستی نبود سخن
تا زهره جان دارد به تن، می‌خواهدت در تن چو جان

دل سپرده

گفتی کجایی؟ گفتمت جانا، همین جا
هر لحظه با تو، با خیالت، در کنارت

گویم سلام عشق با تو هر سحرگاه
هر شب نشانم بوسه بر روی چو ماهت

با باد در کویت روان می‌گردم هرروز
دست نوازش می‌کشم بر گیسوانت

باران که می‌بارد ز جانم قطره قطره
از جاده می‌شویم غبار پیش پایت

گر خیره تابد مهر تابان در دو چشمت
از چتر مژگانم بسازم سایه بانت

فانوس دریای دلت در تیرگی‌ها
شب‌ها ستاره می‌شوم بر آسمانت

سجاده‌ام را از دعایت کرده‌ام پر
تا بشکفد نور خدا در هر نگاهت

هرجا روم تنها روم، اما سپارم
دل را به نزد تو امانت تا قیامت

درد عشق

زیباترین دردهاست، دردی است درد عشق و من
دردی که ویرانم کند،اما به جان می‌خواهمش

گر دل شود خون در غمش، ور نیست هرگز مرهمش
هرچند نابودم کند،اما به جان می‌خواهمش

گر پرکشم از زندگی، دیوانگی، آشفتگی
شاید فراموشم کند، اما به جان می‌خواهمش

نور تو در من ژرف و پاک، چون روی زهره تابناک
عشق تو رسوایم کند، اما به جان می‌خواهمش

بدرود

ای شراره سوزان، با توام دگر بدرود
بی تو ام سر آمد جان، با توام دگر بدرود

در نگاه تو خورشید، در دلت هزاران ماه
ای امید بي پایان، با توام دگر بدرود

در دلم امید تو بود، مانده دیده‌ام بر در
رفتی از سر پیمان، با توام دگر بدرود

دیر شد وقت سخن، دیر شد وقت وفا
دیرمی‌روم، تو بمان، با توام دگر بدرود

می‌روم ولی عشقت، از دلم برون نرود
ای همیشه در دل و جان، با توام دگر بدرود

دوست دارمت به ابد، دوست دارمت چو نفس
ای شرار جاویدان، با توام دگر بدرود

پیام دل

(به خواهر و برادر عزیزم بهار۱۳۶۶)

خواهم که لبم بوسه مهری بنشاند
بر قلب تو پیغام غریبی برساند

دور از تو شب و روز در این کنج نشستم
کم نیست غباری که به اشکم بفشاند

صد بال گشود این دل چاکم چو کبوتر
کس نیست بدین شهر غمم نیک نداند

صیاد دلم گشته روان در پی صیدت
آرام نشسته است که آهو نرماند

از بال و پر ریخته بر خاک وجودم
کس نیست که یک پر به کنارت برساند

در شعر و غزل خوانمت ای یار که دانم
این تن به کنار تو رسیدن نتواند

چندی است که مرثیه دیدار به جان است
این طایر پربسته رهیدن نتواند

در عمر ندیدم گل نرگس چو تو هرگز
با یاد تو زهره به زمان اشک فشاند

شعر فردا

بی تو خورشید سرد و بی‌رنگ است
چه کنم؟ بی تو این دلم تنگ است

آسمان غرق وهم تو خالی است
شب پر از ناله شباهنگ است

دست من سرد و دست تو تنها
دل دوران ز خاره وسنگ است

از دل خستهٔ تو تا دل من
درد دوری، هزار فرسنگ است

هر شب از مسلخ زمانه به راه
اشک در دیده و به مو چنگ است

چیست از صلح و عشق زیباتر؟
پس چرا در همه جهان جنگ است؟

گرچه در سینه ناله و فریاد
گرچه دلها ز غم به خون رنگ است

شعر فردا ، طنین پیوندیست
باغ فردا، بهار خوش رنگ است

با تو بودن

تا با تو هستم هدهد باغ سلیمانم
هر دم در آغازم، نباشد غم ز پایانم

تا با تو هستم، لحظه را موزون و میزانم
در بحر بی پایان تو لؤلؤ و مرجانم

تا با تو هستم، غرق مهر و لطف و احسانم
جان گر تویی، آیینه عشق تو جانانم

تا با تو هستم، مرغ سرمست و غزل‌خوانم
بر لوح زیبای تو نقش باغ و بستانم

تا با تو هستم، ابرم و سرشار بارانم
چون چشمه ای جوشان ز سنگ کوهسارانم

تا با تو هستم، روشنی بخش شبستانم
در آسمان خنیاگرم، نوری درخشانم

دردت به جان و سر ز درد تو به سامانم
تا با منی جز تو چه باشد درد و درمانم؟

گر شور و سرمستی، اگر آرام و عصیانم
از تو قرار و بی‌قرارم، مرغ طوفانم

با تو میان آتشم، اما گلستانم
بی تو میان گلشنم، تنها و حیرانم

از من مگردان روی خود ای مهر تابانم
من آفتاب روی زیبای تو گردانم

هر دم به هر دم می‌دهی دردی و درمانم
بی تو، نه دم خواهم، نه دردی و نه درمانم

غم دل

به هرجا بنگرم هرکس در این دنیا غمی دارد
دل من با خیال روی تو خوش عالمی دارد

بنازم ناز چشمان فریبای تو ای ساقی
که در هر گوشه‌ای افتاده در زیر و بمی دارد

نهان خواهم ز چشمت راز این دل را، نمی‌ماند.
که بر لب خنده و در دیده‌ام باران همی دارد

رهایی

تا کی به بندی در قفس، این مرغ دل آزاد کن
بگشای قندی از دو لب، باغ جهان آباد کن

دنیا سرای فتنه‌ها، آشوب‌ها، بیدادها
ای بلبل بیدل بخوان! در نغمه‌ها بیداد کن

هردم زمین و این زمان، بر ره نهد دامی دگر
پرگیر و جان سوی فلک، ایمن از این صیاد کن

روزی به بام خانه‌ای، مرغی غزل‌خوان بود و مست
بازی شکاری گفت: "هان! این بانگ آخر داد کن"

گردون نبخشد مهتری، کو را نباشد کهتری
تا فرصتی باشد ز دل، رفع غم اضداد کن

دل خانه اغیار نیست، جز عشق با او یار نیست
این یار در برگیر و بس، ترک دگر اوراد کن

در گردش کیوان و شید، کو فرصتی تا آرمید
بر می دمد صبح سپید، دل با امیدش شاد کن

دل سوختی و ساختی؛ از زهره دل پرداختی
جانا مرا نشناختی؛ فریاد کن! فریاد کن !

مرا ببوس

مرا ببوس!
به یاد خنده بهار، به یاد یار و آن دیار
به یاد لحظه‌ها که رفت، در انتظار و انتظار

مرا ببوس!
سبک چو بوسه نسیم، سبک چو بال زنجره
سبک چو پرنیان باد، به چشم خواب سبزه زار

مرا ببوس!
شمیم بوسه تو را، نشانده در مشام دل
کشم به دوش خاطرم، چو جان میان کوله بار

به بربگیر خاطرم!
میان شعله‌های درد، میان زخم‌های باز
برآمدی چو چشمه‌ای، به قلب خون لاله زار

بغل بگیر آرزوم!
میان دشت آرزو تویی غزال عشق من
سفر کنم به شوق و شور به خاطرات روزگار

بمان که همرهم تویی!
میان دست گرم تو، نشسته دیده و دلم
شکسته قایق مرا، رسان ز موج بر کنار

بمان که آتشم تویی
اگر رها کنی مرا، چو تخته‌ای به روی موج
غبار خسته‌ای شوم، به تندباد روزگار

انتخاب

رها کن چرا، نغمه آغاز کن
به شادی به هر لحظه آواز کن

به ساز گذشته جدل تا به کی؟
به دی گر توانی تو، پرواز کن

گرت بخت باشد به فردا برو
بزن بانگ و افشای آن راز کن.

وگر نیست این دو تو را ای عزیز
به این لحظه خندیدن آغاز کن

آتش دل

آتش فکندی در دلم، با یك نگاه ای نازنین
غافل که مرغ عشق تو، خفته در آغوش دلم

می‌خواستی غرقم کنی، درچشمه سار اشک خود
غافل که بودی غوطه ور، در دیدگان بیدلم

در این کویر خستگی، شب را بهانه کرده‌ای
غافل که نور جان تو، آرد به سوی منزلم

پروانه جان خویش را، سوزد به وصل شعله‌ای
هستی بسوزم پیش تو، تا وصلت آید حاصلم

دریا صدایت کرد و تو، رفتی رها بر زورقی
با قطره‌ها آن سوی دریایی و من بر ساحل‌ام

چون و چرا

ماه زیبایم، چرا دل خون شدی؟
در ظلام خستگی گلگون شدی؟

از کدامین ناله جانسوز شب
چهره‌ات افروخت، آتشگون شدی؟

هر سحر چشمم به دیدار تو بود
در شب قدرم، کجا افسون شدی؟

سینه از سوز فراق، آتشکده است
هرچه تابیدی، تبم افزون شدی

قصه‌ها دارد نگاه خسته‌ات
از کدامین داستان محزون شدی؟

دیده هر شب در هوایت منتظر
چشم شهلای که را مفتون شدی؟

با تو عهدی بسته و نشکسته‌ام
از کدامین عهد دیگرگون شدی؟

همچو لیلی دیده بر راه تو بود
سوی کوی دیگری مجنون شدی؟

وه خموش ای زهره! دلتنگی چرا؟
چند پرسی کاین چرا و چون شدی؟

کاروان زندگی

شب خرامان می‌رسد آرام و خوش
می‌گریزد خوابِ زین چشمانِ تر
گفتگو دارد دلم با خویشتن
گه گلایه، گه ز کم، گه بیشتر

گاه می‌خندد دلم بر حال خود
این پریشان ساده‌ی دیوانه سر
غافل از این کاروان زندگی
هرزمان مجنون سودایی دگر

روی سربرگی نوشتم: زندگی
خط ممتد، از تماس نقطه‌هاست
نقطه آغاز؛ نامش کودکیست؛
نقطه پایان؛ نداند کس کجاست

گرد دوران بر سر هر نقطه‌ای
می‌نشیند با هزاران خاطره
در گذار بی امان لحظه‌ها
کودک دیروز، فردا پیر ماست

گاه از این بیکران نقطه‌ها
می‌شود پیدایش یک معجزه
اوج یک فریاد، یک لبخند و آه
نقطه عطفی در این بی‌انتهاست

می‌کنم اندیشه، کاین عمر عزیز
نقطه‌های بی شمار پشت هم
بی‌گمان زیباست، اما کوته است
سال خورد هفته ها و ماه‌هاست

در درون آینه چشمان من
همچنان در جستجوی کودکیست
بر سرم برف سپید روزگار
قصه می‌گوید که دنیا بی وفاست ....

بیشه عشق

ز خاک کوی تو آن دم روم که جان برود
به شوق وصل تو با بوسه از جهان برود

دلم به بوی گلی از بهار تو مست است
به سوی گلشن مهر تو نغمه خوان برود

من آن رمیده غزالم، اگر صلا بدهی
به دام بیشه عشق تو، شادمان برود

اسیر دام تو هرچند در غل و زنجیر
چنان رها که چو مرغی به آسمان برود

نخفت زهره در این شب به خلوت مهتاب
شب وصال دریغا، چه بی‌امان برود

شوریدگی

شب بود و در چشمان من
رویای چشمت در نهفت
در تاب و تب بودم چنان
نشنید کس، هرگز نگفت

در برکه‌ای روشن چو روز
مهتاب عریان خفته بود
در خلوت مستانه شان
گل‌های نیلو می‌شکفت

بر حال من خندید مه
با اختران کرد این سخن
کاین شاهد شوریده را
چونست این حال شگفت

پیش من آریدش دمی
تا با نثار نور خود
ریزم به جانش جرعه‌ای
وانگه تواند خوش بخفت

گفتا نشانت را بگو
گفتم نشان و نامم او
گفتا کجا جان و دلت
گفتم به جانش گشته جفت

خندید مه بار دگر
بر این جنون و والگی
گفتا نشانی ده مرا
از رمز این گفت و شنفت

گفتم میان جان من
بنشست و دیگر برنخاست
چشمم چو چشم او بدید
دیگر به آرامش نخفت

مهتاب تا روی تو را
در جام چشم من بدید
بیدار شد، دیوانه شد
دیگر سخن با کس نگفت

شادمانه: سفر

یك صبح زیبای بهاری، صبحی فرحبخش و طربناك
بر بال گنجشکی خوش آواز، پرواز خواهم کرد از این خاك

در گلشنی سبز و دل انگیز، گشته روان یك چشمه از نور
تا جان بپیوندم به دریا، همراه او من چست و چالاك

بر شاخه‌های سبز این باغ، تصویر عشقت را کشیدم
دانم پس از این دار فانی، در دامن عشقت شوم خاك

لرزید گامم روز اول، از عاقبت بودم هراسان
خود را به تقدیرت سپردم، با نور عشق و باوری پاك

یادی کن از من مهربانم، بر من ببخشا گر خطا رفت
در قلب من حتی پس از مرگ، عشق تو خواهد کرد پژواك

در عالم عشقت به مستی، رقصیده‌ام بی پا و بی سر
دانم پس از این زندگانی، بار دگر رقصم بر افلاك

با تو سالی به لحظه ای بگذشت
بی تو این لحظه ها مرا سالیست

جدایی

رفتی و خانه بی توام خالیست
حال دوری چه سخت احوالیست

زخمه بر جان تار دل زده‌ام
با نوایی که سرد و پوشالیست

باد و باران چو می‌رسد بر من
یاد گرمت به دور تن شالیست

گرچه خاموشم و به لب، خندم
سینه را درد و جار وجنجالیست

با تو سالی به لحظه‌ای بگذشت
بی تو این لحظه‌ها مرا سالیست

مانده‌ام بر غروب این ساحل
در افق مه میان خلخالی است

مژده‌ای داد آسمان ز رخت
در هوایت به دل پر و بالیست

زده‌ام دست بر دل حافظ
برده نامت به لب، چه خوش فالیست

آمدی فارغ از من و دل من
دل من تنگ و حال تو عالی است

دل من ملک و دین به نقش تو کرد
پیش تو زهره نقش بر قالیست

دیدار

زندگی جز بوسه‌ای بر خواب زلف یار نیست
در خیالش جان اگر بازم، دلا، بسیار نیست

گاه پندارم چه طولانیست دور روزگار
گر امید وصل او باشد، جهان دشوار نیست

گاه اندیشم که عمر آدمی بس کوته است
زندگی را مهلتی تا وعده‌ی دیدار نیست

گاه می‌پیچم به خود چون کرم اندر پیله‌ای
گرچه پیچ و تاب، راه مردم هشیار نیست

پیله را خواهم دریدن، چون پر پروانه‌ای
می‌رهم بر آسمان، جایی که جز دلدار نیست

ماه و زهره در نهان، خورشید تابان در عیان
دیده‌ها بازند، اما یک نفر بیدار نیست

باران عشق

آسمان برقی زد و اشکی فشاند و عشق چون باران چکید
صبحدم نوری زد و شبنم به ناز از گونه گل بوسه چید

بار دیگر روز شد؛ جان غرق در زیبایی خورشید کن
شب به ناز، همبستر مهتاب، صدها نغمه با ناهید کن

فرصت دلدادگی دریاب، جانا همچو دریا کن دل بی کینه را
راز مشتاقی شنو از بلبلان، از عشق پر کن سینه را

شکسته دلی

شیشه قلبم شبی از غم شکست
در غم یاری که عهد مهر بست

سوخت دل، گفتا که لطف ایزدیست
شعله‌ای جز ز آتش مهرش نجست

آنقدر قلبت ز غم خواهد شکست
تا از این زندان کهنه رخت بست

دل اگر بشکست در دستان غیر
لاجرم با دوست میثاقی ببست

هر که غیر از اوست، با ما یار نیست
و انکه با او شد، همیشه یار هست

روشنای چشم دلبر نور اوست
ساغر مستی در آن چشمان مست

نیست دیگر در دلم اندیشه‌ای
دست گرمش راهمی دارم به دست

در صراحی ریخت عشق و گفت نوش
جان جان این بوده از روز الست

زهره شد خاموش و جامی سرکشید
غیر عشق، هر جام دیگر را شکست

ذکر یار

ذکر چیزی نیست جز یاد از کلام دوستان
با لسان الغیب، مولانا، نظامی، بوستان

جستجو در کار غیر، دون است و دوراست از ادب
سر به کار خویش بر، بفکن حدیث و داستان

توشه در راه سلوک ای دل، طلب از یار کن
شرح عشق و عاشقی هم جو ز کوی راستان

بر بساط این جهان، روزی هرکس لقمه‌ای است
شادمانی کن که خواهی شد دمی بر آستان

حکمت دنیا و عقبی، خارج از اندیشه است
لحظه را دریاب، ایندم را نشین با دلستان

اگر مراد تو باشی
به خاک پات مریدم

مراد دل

اگر مراد تو باشی، به خاک پات مریدم
به جان چو مهر تو تابد، به آسمان تو شیدم

به هر کجا که نشستم، ز عطر زلف تو بویی
اسیر دام تو گشتم، ز بند غصه رهیدم

عبیر خرمن گیسوی تو در دامن بستر
به شام تار غریبان، فروغ روی تو دیدم

مرا به گوشه چشمی، نظر فکن به امیدم
که من به شوق وصالت دل از جهان ببریدم

خالق و مخلوق

گفتی که خلقت کرده‌ام
خالق تویی، مخلوق من
ای تو مرا معشوق جان
عاشق تو هستی یا که من؟

در دیده‌ها معشوقه‌ای
چون پشت پرده دیده‌ای؟
تا عاشقم کردی به جان
گشتی اسیر دام من

از نیست کردی هرچه بود
عاشق شدی بر جان خود
آیینه بودم چون تو را
گشتم گل سرخ چمن

بویی ز تو شد در نسیم
مست و خراب از آن شمیم
جستم تورا ، از آب وباد
وز نافه مشک ختن

هرچند بودی همرهم
گم گشته بودی در دلم
همچون قناری در قفس
افتاده در این بند تن

در دام هجرانت اسیر
هرمرد و هر زن، خرد و پیر
روزی بپیوندم تو را
ای من ز تو، و ای تو ز من

چله نشین

در غربت چشمان تو در چله نشستم
تا با تو نشینم ز همه خلق گسستم

آن جام صبوحی که مرا بود از آغاز
در سلسله‌ی سلسله موی تو شکستم

جان در گرو خنده جادوی لبانت
تا باز رهانی، دل خوش را به تو بستم

رویای تو همراه شب و مونس جان بود
آهسته به دیدار تو، خاموش نشستم

اندیشه برون کردی و سلطان دلم را
بر بارگه عشق، کشاندی و نشستم

بنگر که خیال تو چنان برد ز هوشم
بی ساغر و می، عاشق و دردی کش و مستم

من چله نشین شب یلدای نگاهت
باز آ و ببین آنچه بدم، آنچه که هستم

گر میل تو افتد که جنون گیرم و مستی
دیوانه و شوریده‌ام و باده پرستم

پروانهٔ جان سوخت چو معشوق بخندید
در وصل تو همچون شب هجران بگرستم

پیمانه شکستی و از این شهر گذشتی
پیمان تو با زهره در افلاک ببستم

گلگون

بسوخت جان و دلم ساقیا، بده جامی
بیار باده گلگون که وقت فریادست

از این بغض فروخفته در گلوی زمان
خروش در دل و در جان فغان و بیدادست

کدام شعر دهدم مستی، کدام آواز
در این خزان که شیون غم زمزمه بادست

شکست بال همای از غم زمانه دون
هزار کبک و قناری به دام صیادست

مرا دیار امان خانه است و کاشانه
دریغ و درد که اینک کنام اضداد است

بهار می‌رسد و باز در دلم امید
که این دیار به نور محبت آبادست

اسیر زلف تو شد زهره در شب مهتاب
دلش به چنگ تو، از درد و غصه آزادست

((یک لحظه مرا به خاطر آور))

آندم که نسیم صبحگاهی،
بر زلف چمن کشیده شانه
شبنم به هزار ناز و زیور،
بوسیده رخ گل و جوانه

آندم که همه کنند آواز،
از شور و شعف به صد ترانه
خورشید ز خواب سر بر آرد
امید شود چراغ خانه

آندم که به باغ می‌سراید
بلبل به نوای عاشقانه
باران به نشاط در بر سرو
رقصد خوش و مست، دانه دانه

آندم که نشسته در بر گل،
دلدار به ناز دلبرانه
با شور و شرر میان جانش،
در دیده فروغ عاشقانه

در لحظه اوج یک ترنم،
در سوز و گداز یک ترانه
در لحظه التهاب لبخند،
در زمزمه‌های شاعرانه

یک لحظه به عشق باورم کن
یک لحظه جدا ز هر بهانه
یک لحظه مرا به خاطر آور
وآن خاطره‌های جاودانه

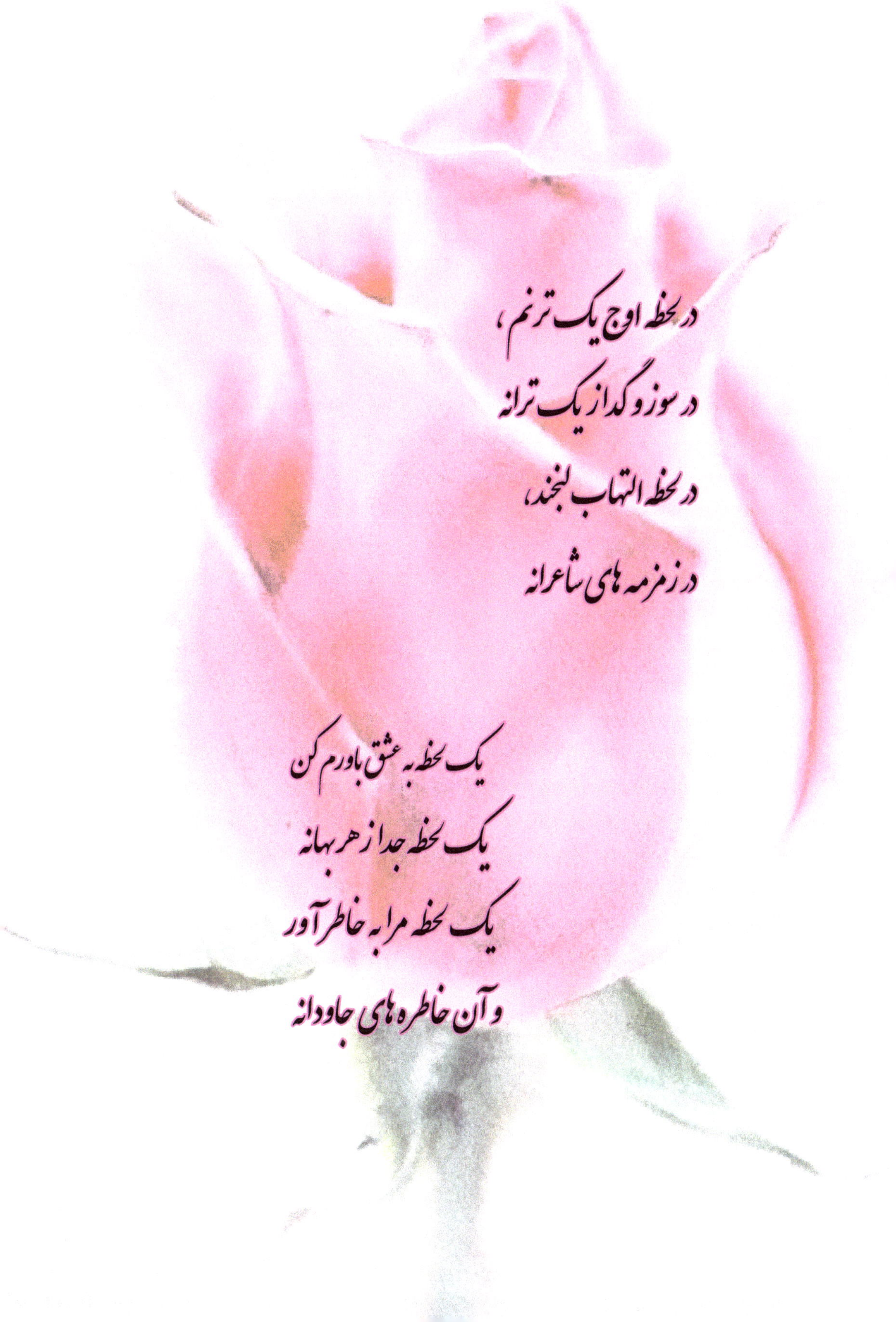

در لحظه اوج یک ترنم،
در سوز و گداز یک ترانه
در لحظه التهاب لبخند،
در زمزمه های شاعرانه

یک لحظه به عشق باورم کن
یک لحظه جدا از هر بهانه
یک لحظه مرا به خاطر آور
و آن خاطره های جاودانه

زندگی لبخند عشق است.

شادمانی راز جاوید بقاست.

قدردانی

نوشتار و جمع آوری این مجموعه بدون همراهی
دوستان عزیز خانم فرحناز دبردانی وخانم لی لی مولوی
که در هر قدم این مسیر، با من همراه و یکدل بوده‌اند،
امکان‌پذیر نبود.

مجموعه آثار دکتر زهره انصاری

گلگون (مجموعه غزل‌ها)

گلبن (مثنوی)

گلریز (گلچینی از دلنوشته‌ها)

گلزار (شعر نو)

گل راز (رباعیات، دوبیتی)

Gardenia's Heart

(Poems, Short Stories)

برای تهیه کتاب‌ها کیو-آر کد را اسکن کنید.